WAS ICH DIR WÜNSCHE
zum Ruhestand

Ein langes, ereignisreiches Berufsleben
geht zu Ende. Egal, ob du mit gemischten
Gefühlen oder mit ungetrübter Freude
in den neuen Lebensabschnitt gehst,
ich wünsche dir einen guten Start.

Willkommen im Ruhestand!

Sei stolz auf dich

Viele Berufsjahre liegen hinter dir. In deinem Arbeitsleben hast du so manche Hürde genommen und viele Erfahrungen gesammelt. Du bist an immer neuen Herausforderungen gewachsen und hast nie aufgehört dazuzulernen. Dass du wirklich stolz bist auf das, was du all die Jahre geleistet hast, das wünsche ich dir.

Bleib in Kontakt

Abschiede sind nicht einfach und so
lässt du dein Erwerbsleben vielleicht auch
mit einem weinenden Auge hinter dir.
Ich wünsche dir, dass die Verbindung zu
deinen Lieblingskollegen auch im Ruhestand
bestehen bleibt und dass ihr auch in Zukunft
noch viele lustige Stunden zusammen erlebt.

. . . . ♥ . . . .

Treffen sich Kollegen, kommen
Gemeinsamkeiten zur Sprache.

Friederike Weichselbaumer

Schöne Aussichten

Vor dir liegt ein gutes Stück Leben.
Gestalte es so, wie du möchtest.
Das hast du dir verdient!

Endlich vorbei

Ruhestand, das heißt auch: frühmorgens klingelt kein Wecker, deine Geduld wird nicht von anstrengenden Kunden oder Kollegen strapaziert und kein Chef überhäuft dich kurz vor Feierabend mit ebenso wichtigen wie eiligen Aufgaben. Dass du das immer wieder genießt, das wünsche ich dir.

Raum für Ideen

Sicher hast du schon jede Menge Pläne
und Ideen, wie du die nächsten Monate
und Jahre füllen möchtest. Dass du dabei
in Stress gerätst, das wünsche ich dir nicht,
aber ich wünsche dir immer ein spannendes
Vorhaben, das du mit Leidenschaft verfolgst –
und Ruhezeiten, um Vollbrachtes zu genießen.

.... ♥ ....

Ist das Leben nicht *hundertmal zu kurz*
für die Langeweile?

Friedrich Nietzsche

Erfüll dir einen Herzenswunsch

Auf was freust du dich jetzt besonders? Jeden Tag ausschlafen und dann in Ruhe die Zeitung lesen? Deinen Garten neu gestalten, Bierbrauen lernen? Oder sind deine Koffer schon gepackt für eine große Reise? Ich hoffe, dass das, was du dir am meisten gewünscht hast, jetzt in Erfüllung geht.

Endlich Zeit

Zeit – das ist vielleicht das verlockendste
am Ruhestand: Zeit für Freunde und Familie,
für Hobbys, Feiern, Bücher, Musik, Natur,
Reisen ... Endlich ganz viel Zeit für all das,
was in den letzten Jahren häufig zu kurz
gekommen ist, die wünsche ich dir.

······· ♥ ··

Fülle deine Stunden mit dem,
was du am liebsten tust.

Paul Hufnagel

Zuhause sein

Mein Wunsch für dich:
ein gemütlicher Rückzugsort,
wo du die Stille genießen und
ganz für dich sein kannst.

Neue Leidenschaften

Ich wünsche dir Neugier, um Neues
auszuprobieren. Vielleicht entdeckst du
deinen grünen Daumen, deine Begeisterung
fürs Schneidern oder Klavierspielen, deinen
Spaß am Tanzen oder Malen ...
Es schlummern Talente in dir, von denen
du noch gar nichts ahnst. Ich wünsche dir
viel Spaß beim Entdecken!

Der Reiz DES REISENS
LIEGT IN DER FREUDE AN
allem Neuen.

Angelika Emmert

Die Welt entdecken

Egal, ob du am liebsten an einem sonnigen Strand das süße Leben genießt, dich einer Abenteuerreise in einen entlegenen Winkel der Welt anschließt oder Wanderungen durch die heimischen Wälder unternimmst, ich wünsche dir viele unvergessliche Eindrücke und Erlebnisse.

Sammle Momente

Das Schöne am Älterwerden ist, dass man für Freude und Glück viel empfänglicher wird – selbst dann, wenn die äußeren Umstände nicht perfekt sind. Ich wünsche dir, dass du die kleinen Glücksmomente genießt und weißt, womit du dir jederzeit Vergnügen bereiten kannst. Das ist der beste Weg, um auch in schattige Tage Licht zu bringen.

Sag auch mal Nein

Du bist gerne für andere da und hilfst, wo du kannst. Deine Energie ist bewundernswert. Ich wünsche dir aber, dass du dich bei all deinem Engagement nicht überforderst, sondern deine Grenzen kennst und sie ernst nimmst.

· · · · · · · ♥ ·

Ausgeglichene Menschen kennen sowohl ihre Grenzen als auch ihre Mitte.

Ernst Ferstl

Spontan...

... eine Radtour machen,
im Kino die Nachmittagsvorstellung
besuchen oder vielleicht sogar
ans Meer fahren.
Hab Spaß!

Frischer Wind

Vielleicht werden dir die Herausforderungen und die Anerkennung aus deinem Berufsalltag zunächst ein bisschen fehlen. Ich wünsche dir, dass du dir neue Bereiche erschließt, in denen du immer wieder kleine und große Erfolge feiern darfst.

· · · · · · · ♥ ·

Begeisterung ist der entscheidende Funke, der unsere *innere Kraft* entzündet.

Justus Paul

Frei sein

Spätestens jetzt ist die Zeit gekommen,
um loszulassen: Dinge, die du nicht mehr
brauchst, Verbindungen, die dir nicht gut
tun, Glaubenssätze, die dich daran hindern,
glücklich zu sein. Ich wünsche dir, dass du
dich befreist, von allem, was dich einengt,
sodass wertvolles Neues entstehen kann.

Bleib gelassen

Ein Vorzug von etwas Lebenserfahrung
ist die Erkenntnis, dass Ärger sich nicht
lohnt und Hektik nichts Gutes hervorbringt.
Ich wünsche dir, dass dich nichts so leicht
aus der Ruhe bringen kann, dass du die
Dinge in deinem Tempo erledigst und mit
Gelassenheit deinen Weg gehst.

Pass auf dich auf

Bei allem, was du vorhast, wünsche ich dir,
dass du gut auf dich achtest. Sorge gut
für dich und deine Gesundheit. Höre auf
deinen Körper und gönne dir die Ruhepausen,
die du brauchst.